Niwronau ac Awtistiaeth

Marielle Bayliss

Lluniau gan Kellyanne Thorne

GRAFFEG

Helô, fi yw Olwen y niwron.

Bydda i'n mynd â ti ar wibdaith o amgylch dy gorff!

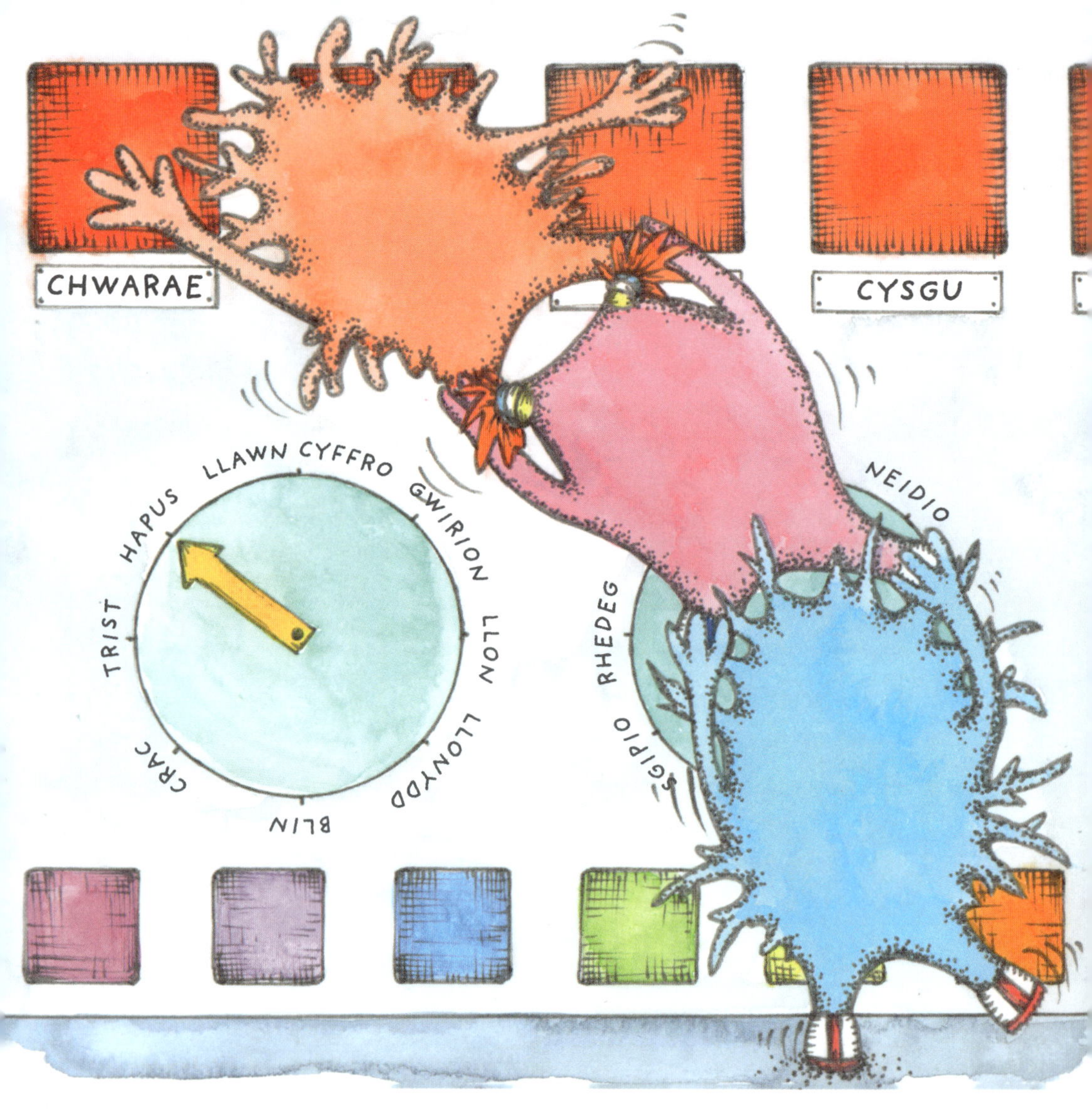

CHWARAE
CYSGU
LLAWN CYFFRO
GWIRION
LLON
LLONYDD
BLIN
CRAC
TRIST
HAPUS
NEIDIO
RHEDEG
SGIPIO

Beth yw niwron?

Mae niwronau'n helpu gyda phopeth mae dy gorff yn ei wneud. Ry'n ni'n anfon negeseuon i dy ymennydd. Mae hwnnw wedyn yn gwneud penderfyniadau am dy symudiadau a dy deimladau.

Angen dylyfu gên tu ôl i gefn dy athrawes? Gall niwronau amseru'r peth yn berffaith.

Cosi
Cosi
Cosi

Eisiau ennill cystadleuaeth
pecial? Wnawn ni dy helpu i
wneud sŵn mor uchel, mi fydd
yn cosi dy donsils!
Waw, am sŵn! A dylwn i
wybod – fy ngwaith i yw
anfon signalau sain!

Signalau sain

Dwi'n byw yn y glust fewnol.
Dwi'n canfod sain ac yn anfon
negeseuon sain i'r ymennydd.

Mae mam
Amira wedi
ymuno â'r côr!

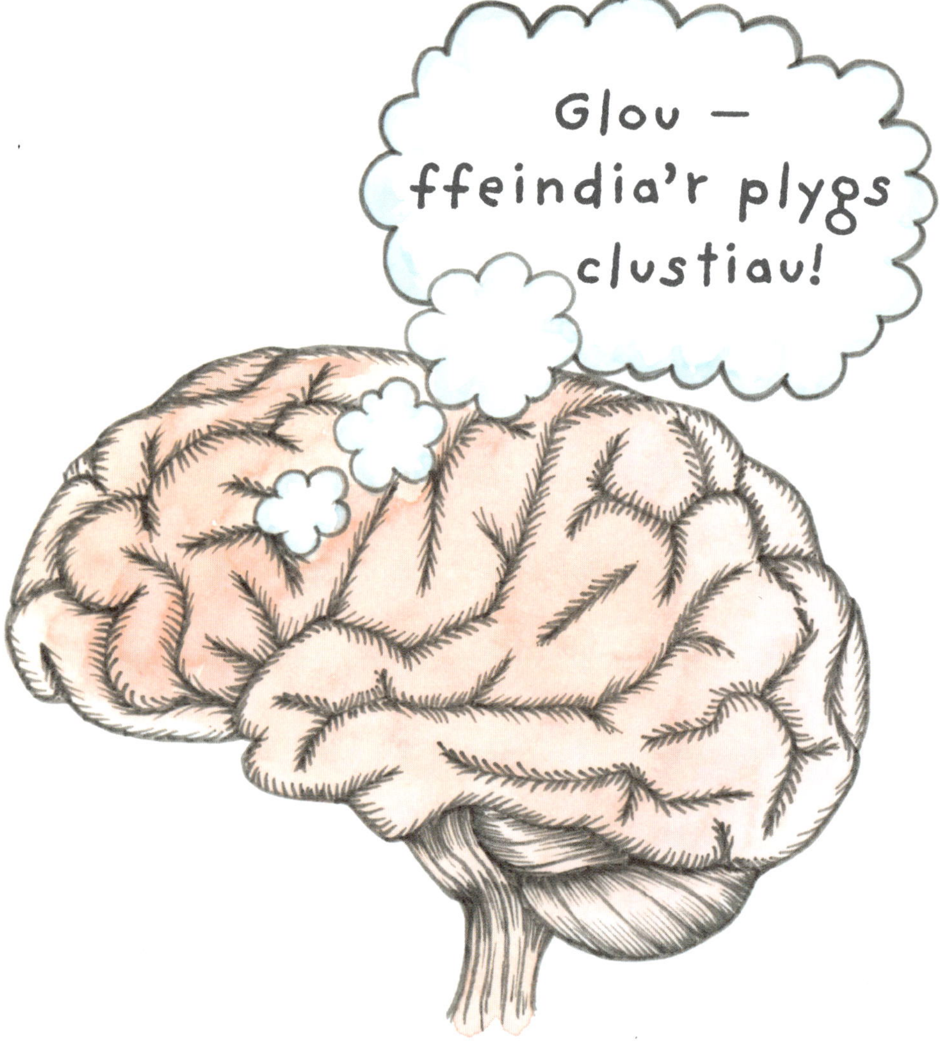
Glou –
ffeindia'r plygs
clustiau!

Yna, mae'r ymennydd yn gwneud penderfyniad.

Dwi'n anfon synau cymhleth ...

... neu synau syml.

Aros, mae fy synhwyrau
niwron yn cosi ...

DDDDRRRRIIIIIINNNNNGGGGG!!!!!

Driiing!
Driiing!
Driiing!

Mae'r gloch cinio yn brifo clustiau Amira BOB TRO.

Dere i gwrdd â'r Troellwyr

Mae Amira'n hoff iawn o gerddoriaeth – a finnau hefyd! Dwi'n chwarae'r gitâr a'r allweddellau yn y band. Mae gan Tesni lais fel mêl.

Y TROELLWYR

Mae Alaw ar y ffliwt!
Taran ar y drymiau!
Ni yw'r Troellwyr!

Pan mae Amira am ymlacio, mae'n arbrofi â synau newydd. Mae'n hoff iawn o gerddoriaeth, ond nid y goleuadau llachar o'r llwyfan.

Mae'n mwynhau bod efo'i ffrindiau ond dyw hi ddim am wneud yr un pethau â nhw bob tro.

Weithiau mae'n teimlo fel petai pobl eraill yn siarad iaith wahanol.

Byddai'n hoffi petai ei ffrindiau'n dweud beth maen nhw'n ei feddwl.

Mae pobl a phethau newydd
yn anodd ...
Dyw bod yn wahanol
ddim yn hawdd.
Mae gan Amira awtistiaeth.

CSA

Cyflwr Sbectrwm Awtistiaeth yw CSA. Weithiau mae'n cael ei alw'n anhwylder, ond dyw Amira ddim yn meddwl bod ganddi anhwylder. Mae hi'n hoffi trefn. Mae'n dda am ganolbwyntio!

Cyflwr

~~Anhwylder~~

Sbectrwm

Awtistiaeth

Awtistiaeth Amira

Mae sawl ffordd wahanol y gall awtistiaeth ddangos ei hun. Dyna pam ry'n ni'n defnyddio'r gair 'spectrwm'.

Dyma sut y gall awtistiaeth Amira fod yn anodd:

- Mae'n anodd 'darllen' emosiynau pobl.
- Dyw hi ddim yn hoffi cael cwtsh.
- Mae dal cyswllt llygad yn anodd.
- Mae'n cilio i'w byd ei hun.
- Mae pethau a phobl newydd yn achosi straen.
- Mae'n ymgolli yn ei diddordebau.
- Mae'n sensitif i synau uchel a goleuadau llachar.

Weithiau, mae awtistiaeth yn helpu Amira:

- Mae'n gallu creu ei byd mewnol ei hun.
- Mae'n mynegi meddyliau a syniadau heb deimlo'n ofnus.
- Mae'n onest ac yn gwerthfawrogi gonestrwydd.
- Dyw hi ddim yn ofn gofyn cwestiynau.
- Mae'n cofio manylion.
- Mae'n gweld pethau o safbwynt unigryw.
- Mae'n driw a dyw hi ddim yn beirniadu eraill.
- Mae'n gwirioni ar ei diddordebau.

Efallai y sylwch fod rhai pethau y mae Amira'n eu cael yn anodd hefyd yn ei helpu!

Croesawu Newid

Dyw Amira ddim yn hoffi newid,
na phethau newydd.

HYSBYSFWRDD
Trip i'r
Traeth!

Dylai hi drio chwarae'r ffliwt trwyn!

Ond mewn rhai ffyrdd mae'n wych am addasu i bethau newydd!

Pan mae'n chwarae cerddoriaeth ac mae'r cywair neu'r tempo yn newid, mae Amira'n newid hefyd!

Pan ddechreuodd hi chwarae'r drymiau, doedd e ddim yn teimlo'n iawn, ond nawr mae wrth ei bodd.

Rwyt ti'n wych!

Fyddai Amira ddim am newid ei hymennydd gwych sydd wedi ei weirio'n arbennig.

Cerddoriaeth yw ei lle diogel; mae'n ei helpu i fynegi ei hun ac ymdopi â newid. Pan mae'n wynebu pethau newydd, mae'n gallu dod â'i lle diogel gyda hi.

Ffordd yma i'r
TRAETH

Efallai fod gennyt ti le diogel neu ddiddordeb sy'n dy helpu. Efallai dy fod newydd ddechrau eu darganfod? Mae newid yn anodd, ond hebddo, does dim ffordd o ddarganfod pethau newydd!

Niwronau ac Awtistiaeth

Cyhoeddwyd yn wreiddiol dan y teitl *Neurons and Autism* yn 2025 gan Graffeg Cyf.

ISBN 9781805950936

Graffeg Cyf., 15 Cwrt Neptune, Ffordd Vanguard, Caerdydd CF24 5PJ, Cymru, DU. Ffôn 01554 824000. croeso@graffeg.com www.graffeg.com

Argraffwyd gan FINIDR, s.r.o., Czechia.

Mae cofnod catalog CIP ar gyfer y llyfr hwn ar gael o'r Llyfrgell Brydeinig.

Dymuna'r cyhoeddwr gydnabod cymorth ariannol Cyngor Llyfrau Cymru, www.gwales.com.

Teitlau'r gyfres:

Niwronau ac Epilepsi
ISBN 9781805950929

Niwronau ac Awtistiaeth
ISBN 9781805950936

Niwronau a Dyspracsia (ACD)
ISBN 9781805950943

Niwronau a Dyslecsia
ISBN 9781805950950

Niwronau a Syndrom Tourette
ISBN 9781805950967

Niwronau ac ADHD
ISBN 9781805950974

Am fwy o wybodaeth sganiwch y cod QR:

Ariennir gan
Lywodraeth Cymru
Funded by
Welsh Government

FSC www.fsc.org
CYMYSG
Papur o ffynhonnell gynaliadwy
FSC® C014138